Début d'une série de documents
en couleur

ALLIANCE LATINE

ET

ZOLLVEREIN MÉDITERRANÉEN

PAR

M.-A. GROMIER

Prix: DEUX francs

FLORENCE

IMPRIMERIE JOSEPH PELLAS

Rue Jacopo da Diacceto, 10

—

1885

Librai presso i quali si trovano i volumi delle opere legali edite da Giuseppe Pellas di Firenze.

ITALIA

Firenze, dai principali Librai e dall'Editore, *Via Iacopo da Diacceto, 10.*
Alessandria, Giac. Moretti.
    » Michele Botto.
Ancona, Alessandro Santoni.
    » Morelli A. Gustavo.
Ascoli-Piceno, Luciani e Ercolani.
Asti, Fratelli Goggia.
Bari, Nicola Vito Pesce.
Bassano, Agenzia Dorissa.
Bergamo, Fratelli Bolis.
    » Carlo Colombo.
    » Angelo Colombo.
Biella, G. Amosso.
Bologna, N. Zanichelli.
    » Ditta Treves.
Brescia, Stefano Malaguzzi.
Cagliari, Fratelli Cugia.
    » Giuseppe Banda.
Camerino, Success. Sartori.
Campobasso, N. D. Eliseo.
Casale, Alessandro Prato.
    » Luigi Rolando.
    » Pio e Gio. Bertero.
Catania, Concetto Battiato.
    » Tropea Filippo.
Catanzaro, Gionc. Mazzocca.
Cesena, Gherardo Gargano.
Chiavari, Giovanni Borzone.
Chieti, Giovacch. Piccirilli.
Como, Carlo Franchi.
    » Maria Bolla Cairoli.
Crema, Carramelli Carlo.
Domodossola, Canetti Carlo.
Faenza, Ditta Pietro Conti.
Feltre, Polo Giovanni.
Fermo, Costantino Sartori.
Ferrara, Ant. Taddei e figli.
Genova, Luigi Boeuf.

Genova Figli di G. Grondona.
    » Lib. dei Sordo-muti.
    » Antonio Montaldo.
    » Erman Stenberg.
Iesi, Ferdinando Petrini.
Imola, Franc. Parini e figlio.
Ivrea, F. L. Curbis.
Lecce, Francesco Lazzaretti.
Livorno, Raffaello Giusti.
    » Fratelli Tron.
Lodi, Costantino Dell'Avo.
Lucca, Luigi Guidotti.
Macerata, Giuseppe e Paolo fratelli Mancini
Messina, Carmelo de Stefano.
Milano, Fratelli Dumolard.
    » G. B. Paravia e C.
    » Ulrico Hoepli.
    » Carlo Brigola.
Mondovì, Giovanni Issoglio.
Napoli, Riccardo Marghieri.
    » Detken Enrico.
    » Antonio Morano.
    » Benedetto Pellerano.
    » Luigi Pierro.
    » Nicola Jovene.
    » Giovanni Jovene.
    » Ernesto Anfossi.
    » Unione Tipografica Editrice Torinese.
Novara, Fratelli Miglio.
Padova, Angelo Draghi.
    » Drucker e Tedeschi.
Palermo, L. Pedone-Lauriel.
    » Gioacchino Biondo.
    » Salvadore Biondo.
    » Remo Sandron.
    » Luigi Sandron.
    » Nicolò Carosio.
Parma, Ferrari e Pellegrini.
    » Luigi Battei.
    » Enrico Pezzani.

Pavia, Succ. Bizzoni.
    » Angelo Gritti.
Piacenza, Ditta Fr. Solari
    » Vincenzo Porta.
Pinerolo, Lobetti-Bodoni.
Pisa, Luigi Giannelli.
    » Ulrico Hoepli.
    » Unione tip. edit. torinese.
    » Libreria Galileo.
Pistoia, R. Baldi.
    » Domenico Pagnini.
Prato, Ranieri Guasti.
Roma, Frtelli Bocca e C.
    » Ermanno Loescher.
    » G. B. Paravia e C.
    » Unione tip. edit. tor.
Rovigo, Dott. Tullio Minelli.
San Remo, G. Gandolfo.
Savigliano, Gio. Bressa.
Savona, Giacomo Prudente.
    » Carlo Astengo.
Siena, Onorato Porri.
    » Ignazio Gati.
    » Enrico Torrini.
Spezia, Luigi Boeuf.
Teramo, R. F. Rossi.
Torino, Francesco Casanova.
    » G. B. Paravia e C.
    » Ermanno Loescher.
    » Fratelli Bocca.
    » Giacinto Belgrano.
Trani, Antonio Catino.
Trapani, P. A. Rizzi.
Udine, Paolo Gambierasi.
    » Luigi Berletti.
Varese, Luigi Macciachini.
Venezia, Colombo Coen e figlio.
Vercelli, Cesare Argenti.
Verona, Drucker e Tedeschi.
Vicenza, Emanuele Caprotti.

ESTERO

Alessandria d'Egitto, Nicolet.
Australia, Public Library and Art Museum Melbourne Victoria.
Barcellona, Pareva Guillermo.
    » Alvaro Verdaguer.
Berlino, Brockhaus F. A.
Budapest, Reval frères.
    » Charles Grill, libraire de l'Académie.
    » Friedrich Killian, Kön. ung. Universitäts Buchhandlun.
Brusselle, Librairie Duval.
Bukharest, (Roumanie) Haimann.
Colonia, Boisserée.
Costantinopoli, S. H. Weiss
    » Lorentz & Keil.
Cracovia, Gebethner G. & C.ie

Dresda, Pierson.
Fiume, Dase Giulio.
Gand, (Belgique) Libr. Clemm.
Ginevra, H. Georg.
Gorizia, Paternolli Giovanni.
Innsbruck, (Tyrol) Wagnerische Univ. Buchhandlung.
Losanna, Benda.
Aja (Hollande) Nijhof.
    » Brockhaus F. A.
    » Lallemant frères.
    » Petitjean.
    » Rolandi Federico.
    » Bailly-Baillière.
    » Libreria nacional y extranjera.
Mosca, W. Gautier.
Monaco, Franzsche Buchhandlung.

New-York, Emporeo Letterario di A. Brentano.
Nizza, Visconti B.
Odessa, Rousseau Georges.
Parigi, Hachette & C.ie
    » Calmann Lévy.
    » Guillaumin & C.ie
    » Pedone-Lauriel.
Porto, Ernest Chardron.
Praga, Calve'sche Hofbuchh.
Rio-Janeiro, Faro Lino.
Rovereto, Biasi Emanuele.
Spalato, Morpurgo Vito.
Trieste, Dase Giulio.
Varsavia, Gustave Sennewald.
Vienna, Brockhaus F. A.
    » Guillaume Frick.
Zara, Bonicelli Vincenzo, Libreria Slavo-Italiana.
    » Meyer & Zeller.

Fin d'une série de documents
en couleur

ALLIANCE LATINE

ET

ZOLLVEREIN MÉDITERRANÉEN

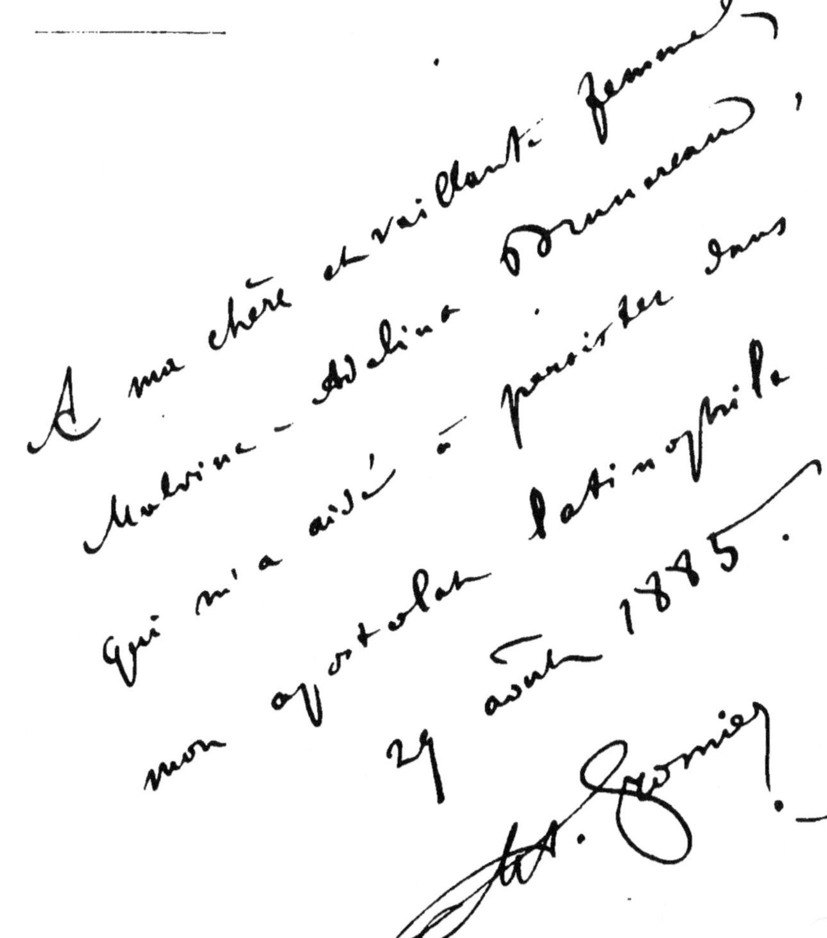

ALLIANCE LATINE

ET

ZOLLVEREIN MÉDITERRANÉEN

PAR

M.-A. GROMIER

Prix: DEUX francs

FLORENCE
IMPRIMERIE JOSEPH PELLAS
Rue Jacopo da Diacceto, 10

1885

I.

Si la perfection était de ce monde, l'humanité ne serait qu'une seule grande famille de frères. Mais le monde ne peut être parfait; aussi, reste-t-il divisé en nationalités, en races encore fort jalouses les unes des autres.

Toutefois, les migrations des peuples, les nécessités de la vie et les conséquences de la sélection ont déjà procuré au Nouveau Monde, dans l'Amérique du nord, les éléments et l'occasion d'une famille unique. Dans l'Amérique centrale, d'autre part, une autre unité familiale est à la veille de se constituer, non pourtant sans de terribles luttes. Puis, dans notre Ancien Monde, si la morale, le droit et la science parviennent à prendre le dessus sur l'égoïsme, la

---

[1] Voir mes lettres du 31 mars 1884 à MM. Datculescu, Lupis, Raqueni, Reis Damaso et Moschovachis, *A propos de la politique coloniale agressive et irréfléchie.*

force et la superstition, il n'est point impossible de voir un jour les races européennes finir par s'entendre et former, d'abord, un pendant à la Confédération des États-Unis américains.

Avant la formation de ces États-Unis d'Europe, il est presque impossible de compter sur une paix sûre et durable. Après, c'est la guerre qui devient impossible; enfin, c'est la paix universelle qui s'établit par l'union des États-Unis d'Amérique avec les États-Unis européens. [1]

En attendant, qui veut le plus, doit vouloir le moins. C'est donc parce que Victor Hugo et Garibaldi voulaient des États-Unis d'Europe qu'ils voulaient des États-Unis latins; c'est parce qu'ils voulaient la paix et la liberté pour tous qu'ils voulaient pour leurs frères immédiats un ZOLLVEREIN MÉDITERRANÉEN. Et c'est ce que demanderont après eux les latinophiles, leurs partisans fidèles.

Qu'on ne se fasse pas erreur à ce dernier propos; le projet d'une union latine n'est point le projet d'une ligue révolutionnaire destinée uniquement à faire contre-poids à l'alliance monarchique. Non. C'est simplement le projet d'une UNION DOUANIÈRE procurant pleine liberté de communications et d'échanges entre les habitants méditerranéens faisant partie de cette

---

[1] Voir, dans le journal *Les États-Unis d'Europe*, ma lettre du 12 février 1884, adressée à M. Le Monnier, de Genève, président de la *Ligue Internationale de la Paix et de la Liberté*.

association purement économique, quelle que soit la forme de leur respectif gouvernement. [1]

Ajoutons que ce projet n'établit aucune division absolue entre les nations latines et les autres nations. A l'exemple de M. de Bismarck proposant, depuis 1871, aux Austro-Hongrois d'entrer dans le ZOLLVEREIN GERMANIQUE afin d'augmenter la cohésion de la race allemande, — les latinophiles proposent aux nations belge, française, portugaise, espagnole, italienne, roumaine et aux Grecs, leurs congénères, de se réunir économiquement, eux aussi, afin d'acquérir la force de traiter d'égales à égales avec les nations anglo-saxonnes, par exemple, et d'être à même d'occuper le même rang qu'elles dans la future constitution des États-Unis européens. Actuellement, en effet, les nations allemandes ont la suprématie sur les nations latines; or la création d'un ZOLLVEREIN MÉDITERRANÉEN équilibrerait tout par un rayonnement pacifique. [2]

---

[1] Voir, à propos de la nécessité de l'union douanière des peuples méditerranéens, la première année (1882) de mon journal hebdomadaire *La Fédération des Peuples Gréco-Latins* et ma lettre parue, à Paris, dans le journal *L'Événement* du 22 novembre 1883.

[2] Le 15 janvier 1884, j'ai fait insérer dans *Il Ferruccio*, de Florence, la déclaration suivante qui fut immédiatement reproduite par tous les journaux des pays méditerranéens:

« La présence des Anglais à Gibraltar, Malte, Chypre, Alexandrie, Port-Saïd — et l'établissement croissant des commis du *Zollverein Germanique* à Trieste, Salonique,

Protestation non moins nécessaire à cette place, loin d'exclure qui que ce soit, les latinophiles, au contraire, laissent leur porte ouverte, car ils considèrent la fédération latine comme un grand achemi-

---

Césarée, Tripoli et même à Constantinople — nécessitent un contre-poids.

« Si on ne l'établit, c'en est fait, avant peu, de l'équilibre européen : les Anglo-Saxons seuls prédomineront partout sur les peuples méditerranéens.

« La création d'un *Zollverein Méditerranéen*, en d'autres termes, d'une union douanière, sauverait d'une ruine complète et prochaine le commerce et l'industrie des peuples latins, qui sont à la veille de perdre toute possibilité d'échange facile et fructueux avec l'Asie Mineure, les Grandes Indes et l'Afrique septentrionale.

« Cette union douanière méditerranéenne, en attendant mieux, devrait unir économiquement les habitants du Portugal, de l'Espagne, de la France, de l'Italie, du Montenegro, de l'Albanie, de la Grèce et de Roumanie, — ainsi que toutes les colonies méditerranéennes, actuelles et futures, de ces mêmes pays.

« Cette union économique s'obtiendrait facilement entre tous ces pays, quelle que soit la forme de leur gouvernement, au moyen de l'adoption synallagmatique, dans tout le territoire de la dite union, de certaines mesures d'ordre purement administratif qu'il appartient à la presse de commencer à proposer et dont voici quelques exemples qui pourront peut-être servir de préliminaires à la discussion future :

« 1° Uniformité du calendrier grégorien ;

« 2° Uniformité des poids, des mesures et des monnaies, d'après le système décimal ;

« 3° Uniformité des tarifs postaux. (Dans tout le domaine de l'union, on devrait pouvoir employer pour les cartes postales des timbres de 5 centimes : pour les

nement vers l'universalisation de l'instruction, du travail et du bien-être. Partisans convaincus et dévoués de la LIGUE INTERNATIONALE ET PACIFICATRICE dont Garibaldi et Victor Hugo furent les apôtres, ils semblent être les interprètes vrais de cet évangile alors qu'ils lui donnent sa source dans les principes de la fraternité et de la solidarité des peuples.

Selon eux, ce principe démocratique a pour moteur l'alliance des nations qu'unissent la langue, les coutumes et la civilisation, en attendant qu'il s'étende

---

lettres, des timbres de 10 centimes, par poids de 15 grammes ; pour les imprimés, des timbres de 1 centime, par poids de 5 grammes) ;

« 4° Uniformité des tarifs télégraphiques, (50 centimes les premiers dix mots et 2 centimes par mots supplémentaires) ;

« 5° Liberté de la navigation le long des côtes de la Mer Méditerranée et gratuité de débarquement dans tous les ports du littoral des pays latins et de leurs colonies africaines septentrionales, pour les navires de la marine marchande de ces pays ;

« 6° Uniformité du prix kilométrique des transports par kilogramme de marchandises confiées aux messageries de terre et de mer entre les confins du pays méditerranéen ;

« 7° Abolition de tout passe-port et de tout droit de douane à l'intérieur du domaine de l'union méditerranéenne ; — c'est-à-dire pleine liberté de communications personnelles et d'échanges commerciaux entre les habitants des pays composant cette association économique, préface absolument indispensable à une sincère association politique qu'il appartient aux philosophes de préparer pour le bien de l'humanité. »

à tous les autres peuples. Et, c'est pour cela seulement qu'ils travaillent et travailleront sans cesse, avec un entier désintéressement personnel, sans jamais se rebuter de l'insuccès, sans jamais perdre l'espérance, forts et fiers du passé de leurs ancêtres, confiants dans les traditions glorieuses dont ils sont les héritiers.

II.

La force mystérieuse dominant les destinées des individus et des peuples, fait mouvoir à son gré les événements en dépit des calculs de l'homme et sans nuire à sa liberté.

Guerres et traités de paix, expéditions maritimes et voyages scientifiques, ambitions malsaines et projets héroïques, tout concourt à un plan civilisateur cosmogonique dont personne n'a le secret ici-bas et auquel la race latine, plus que toute autre, a toujours et partout extraordinairement collaboré, produisant presque à elle seule toute la civilisation actuelle. [1]

La race latine fonda l'unité de l'admirable empire romain.

---

[1] Voir ma brochure *I latinofili francesi ed il senatore Amante*, Stamperia Cooperativa, Firenze, 1882.

Dès le commencement de notre ère, ce fut elle qui prêcha et propagea les doctrines du révolutionnaire de Nazareth.

Sous la triple action du césarisme, de l'invasion barbare et du désordre intellectuel et social, lorsque l'empire romain se décomposa, ce fut elle, avec Clovis, Bélisaire, Charles-Martel, puis avec Charlemagne, qui civilisa les conquérants, établit le code Justinien, rejeta les Sarrasins au midi de l'Espagne et refoula les hordes germaniques dans leurs épaisses forêts.

Ce fut elle aussi qui conserva les sciences et les lettres à l'époque de la décadence.

Au moyen-âge, avec Godefroy de Bouillon, Baudoin de Flandre, Jean de Brienne, puis avec saint Louis, la race latine sauva l'Europe du cimeterre mahométan et du dogme énervant de la fatalité. En même temps, elle soutint en Espagne contre les Maures la lutte la plus acharnée dont l'histoire fasse mention, immortalisa le Cid et finit par être victorieuse, à l'époque de Ferdinand et d'Isabelle. C'est elle encore qui, sous Robert-le-Fort, organisa la ligue entre les barons et les peuples pour diriger ou mettre à la raison les rois incapables ou spoliateurs ; de même que, plus tard, sous Louis-le-Gros, elle créa les communes, et sous Philippe-Auguste, elle organisa une ligue entre les rois et les peuples, pour mettre un frein aux abus des seigneurs.

Au XIVme siècle, c'est elle qui convoque les premiers États-Généraux et perfectionne la boussole.

Au XIXme siècle, tandis que les Médicis protègent les lettres, les sciences, le commerce et les arts, c'est elle toujours qui se sert de l'italien Christophe Colomb et des vaisseaux espagnols pour donner les Antilles au vieux continent. Le portugais Diaz touche au cap africain de Bonne-Espérance que franchit son compatriote Vasco de Gama, ouvrant la route des Indes. Le florentin Améric Vespuce entre dans le fleuve des Amazones. Le français Jacques Cartier remonte le Saint-Laurent et découvre le Canada. Le père et le fils Cabot reconnaissent Terre-Neuve et les côtes de l'Amérique du nord, du Labrador à la Floride, puis remontent les rios de la Plata et du Paraguay; après quoi, ils cherchent un passage nord-est vers la Chine dont un autre vénitien, Marco Polo, a déjà depuis deux cents ans visité tout le territoire et raconté les merveilles. A la même époque c'est la race latine encore qui emploie l'imprimerie à la préparation de la liberté d'examen.

Viennent ensuite les temps de François Ier, de Charles-Quint, du pape Léon X, du français Richelieu, de l'italien Mazarin, de l'espagnol Alberoni et la race latine voyage autour du monde, crée le système colonial, substitue le commerce maritime au commerce de terre et découvre les bases de l'économie politique.

Enfin, au dernier siècle, les armes de la France aident à constituer la république anglo-saxonne au delà de l'Atlantique, et la révolution de 1789 jette les bases de l'organisation de l'avenir.

Peu après, sous le corse Napoléon, tous les peuples du continent sont soumis à l'influence, au pouvoir et aux lois de la race latine donnant au monde le CODE le plus parfait.

Et, depuis, comme avant, en industrie, en littérature, en poésie, en peinture, en musique, en statuaire, quelle est la race disputant la palme à la race des Latins?...

Il nous a paru même inutile d'énumérer les incomparables génies latins, illustrations immortelles des sciences, des belles-lettres et des arts. Le beau et le vrai sont des spécialités latines incontestées et incontestables....

Ce n'est cependant point tout : nous devons revenir sur la plus grande gloire de Rome, sur la plus grande vertu latine ; c'est bien encore aux Latins, en effet, que le monde doit l'IDÉE *de la* FÉDÉRATION servant à unir les peuples et l'*idée du suffrage universel* concourant à leur donner le gouvernement qu'ils méritent.

III.

Phéniciens, Grecs ou Romains, les riverains de la Mer Méditerranée, lac latin, commencèrent la découverte et la colonisation du monde que les anciens connurent. Puis les chrétiens civilisèrent ce monde et l'unirent.

La plus grande gloire de la race latine est son mérite, au-dessus de toute objection égoïste, d'avoir su réunir les trois parties du vieux monde en un seul tout, et d'avoir répandu les lumières et les bienfaits de la civilisation sur le monde barbare.

Rome unit les peuples, jusqu'alors inconnus les uns aux autres, par des relations de commerce et de gouvernement ; elle établit une communauté d'intérêts et de mœurs, un véritable système d'équilibre ; elle devança notre ZOLLVEREIN MÉDITERRANÉEN ; elle devança les futurs ÉTATS-UNIS D'EUROPE, et même devança les lointains ÉTATS-UNIS UNIVERSELS. [1]

Rome, en effet, introduisit des institutions socialistes et politiques au moyen d'un droit commun international et mit la base des sociétés civiles dans l'*idée humanitaire d'une* FÉDÉRATION UNIVERSELLE.

Cette idée civilisatrice et sublime, entrevue mais écartée par Moïse, esquissée par Homère, creusée par Platon, « peinte » par Virgile et développée par l'illuminé de la route de Damas, — cette idée traditionnelle fut reprise par la France dès l'époque des Croisades, aux temps d'Abélard et surtout de saint Louis ; puis, Dante la condensa, Rabelais la popularisa, Le Camoëns la mit en poème, Cervantes en fit un roman héroï-comique, Henri IV la voulut prati-

-----

[1] Voir ma *Lettera a Filippo Lupis*, dans le journal *La Lega latina* de Marseille, en date du 28 février 1882.

quer et, finalement, Montaigne, Rousseau, Voltaire, Volney en établirent la théorie pour l'usage des fils de la Révolution de 1789 et pour leurs meilleurs neveux : Lamartine, Cavour, Mazzini, Michelet, Gambetta, Mauro Macchi, Edgar Quinet, Garibaldi, Mario, Campanella, Henri Martin, Littré, Buscalioni, Mamiani, Victor Hugo....

Ce que furent Rome et la France pour le progrès, à ces périodes si extraordinaires de grandeur, on le comprit généralement, mais beaucoup trop tard, lorsque le despotisme de la Sainte-Alliance spolia les peuples de toutes leurs libertés et en fit un trafic honteux en les partageant comme des troupeaux.

Si l'idée d'une fédération chrétienne, évoquée par saint Louis, s'évanouit au souffle de la peste devant Tunis, neuf ans après que Michel Paléologue eut anéanti l'empire latin et reporté à Constantinople le siége de l'empire grec ; — si l'idée d'une association pacificatrice universelle que patronnaient Henri IV et Sully, son digne ministre, et qui, au fond, n'était basée que sur le principe conciliateur des unités nationales, échoua par suite des égoïstes intérêts des potentats de l'Europe de ce temps ; — si ce même Henri IV, dans son abnégation sans exemple dans l'histoire, préféra renoncer à son idée plutôt que d'adhérer aux prétentions de la Suède, de l'Autriche et des ducs allemands, qui voulaient exploiter son projet de confédération dans un but intéressé de politique territoriale ; — si enfin, les principes de la

première république française et l'œuvre de Napo-
léon-le-Grand rencontrèrent les mêmes obstacles
dans la coalition des rois : — ce ne fut pas une raison, en France, pour les latinophiles, d'abandonner
l'œuvre ébauchée et de regarder comme insoluble
la question de l'union latine, question devenue, au
contraire, de plus en plus brûlante d'actualité, question d'où dépend le sort des peuples méditerranéens
dont le rayonnement doit s'opérer par extension
pacifique et non point par expansion guerrière. [1]

IV.

De Maistre ne laissa pas attendre sa vive protestation contre le traité de 1815. « Les nations sont
quelque chose dans le monde, s'écria-t-il dans sa
Correspondance politique : il n'est pas permis de les
compter pour rien, de les affliger dans leurs conve-
nances, dans leurs affections, dans leurs intérêts les
plus chers. »

Chateaubriand prit bientôt la parole à son tour et
s'indigna, dans le *Génie du christianisme,* de voir
le monde latin engagé si avant dans le naufrage du
monde moderne.

---

[1] Voir ma brochure *Greek-latin Politics and English
Interests*, typographie *Ferruccio*, Florence, 10 mars 1885.

Lamennais, dans les *Choses de Rome ;* — Lacordaire, dans son éloquent plaidoyer en faveur de la *Liberté de l'Italie et de l'Église ;* — Lamartine, dans son *Italie et Pie IX ;* — Proudhon, dans son *Traité du principe fédératif* et dans sa *Philosophie du progrès ;* — Michelet, dans sa *Bible de l'humanité*, se firent un pieux devoir de démontrer que l'Occident latin, ayant à sa tête la classique Italie, la noble Espagne et la France héroïque, ne peut renoncer, sans se nuire, à continuer la tradition émancipatrice et à représenter l'opinion progressiste de l'esprit du XIXme siècle, ouvertement contraire au système de conquêtes et à la politique territoriale dans le sens dynastique.

Edgard Quinet, que nous eûmes l'honneur d'avoir pour premier maître, alla beaucoup plus loin. Il établit nettement que l'Occident latin était tenu de représenter la latinité libérale et démocratique des deux hémisphères, et c'est lui qui démontra comment les Roumains, ces Latins de l'Orient, font partie intégrante de la grande famille latine, tout comme les colonies européennes des Antilles, de l'Amérique centrale et de l'Amérique du sud, récemment décrites par M. de Fontpertuis dans son ouvrage sur les ÉTATS LATINS DE L'AMÉRIQUE.

Edgard Quinet, dans ses *Révolutions d'Italie*, dans *Le Génie des Religions* et dans sa brochure intitulée *La croisade contre la République romaine*, nous avait montré le chemin ; Mauro Macchi daigna nous guider et nous accompagner partout dans la route. On ne peut parler de l'apostolat des peuples latins et de la nécessité de l'alliance latine sans citer cette déclaration de Mauro Macchi, datée du 14 juillet 1878 et extraite de son *Epistolario*, pages 65 et suivantes, ainsi que de ma brochure sur *Mauro Macchi e la lega latina*, pages 8, 9 et 10 :

« Je suis pour les ÉTATS-UNIS D'EUROPE, qui ont été pour la première fois annoncés, avec cette même formule, par mon illustre maître Cattaneo. Nous ne les verrons pas, hélas ! mais j'ai la plus profonde conviction que, tôt ou tard, tous les États d'Europe seront unis par le lien d'une libre fédération. Il est impossible que cela n'arrive pas, avec les étonnants progrès de la science, qui supprime tout espace de temps et de lieux et toute différence de langue et de mœurs.

« Autrefois, la guerre éclatait même de commune à commune ; maintenant, elle ne se fait plus déjà qu'entre les nations différentes. Elle ne sera plus possible bientôt que d'un continent à l'autre, en attendant qu'elle disparaisse de toute la surface de la terre. Mais, avant d'arriver aux États-Unis d'Europe, il faut passer par la ligue fédérale des différentes races : latine, teutonique, slave, etc.

« Le nouveau projet de former une ALLIANCE LATINE rajeunit mes idées d'une trentaine d'années ; car il me rappelle les efforts qui ont été faits dans le même but à Paris, en 1850, par plusieurs parmi

les plus illustres citoyens de l'Europe occidentale,
par Lamennais, entre autres, au nom de la France,
et par Montanelli, le triumvir toscan, alors exilé à
Paris, comme représentant de l'Italie.

« Le coup d'État, qui a fait tant de ruines, a empêché aussi le triomphe de cette aspiration si noble
et si féconde. Mais elle ne pouvait pas mourir ; et
maintenant que la France est en république, le moment est venu de reprendre la tâche interrompue
par la violence, et de faire tout ce qui est possible
pour la mener à bonne fin.

« Cela se doit d'autant plus que, depuis lors, on
a réussi à vaincre les obstacles les plus graves entre les deux nations, c'est-à-dire qu'on a foré les
Alpes, qui formaient la seule frontière naturelle, et,
de part et d'autre, on a dompté la faction cléricale,
qui est l'ennemi commun.

« Il ne reste donc plus que la différence de lan-
gage. Mais il est certain qu'entre la langue de Dante
et de Camoëns, de Calderon et de Victor Hugo, il y
a beaucoup moins de différence qu'entre la plupart
des dialectes des nations respectives.

« Avec la formation de l'ALLIANCE LATINE, les
grands États actuels perdront certainement de leur
importance, et ce sera pour le mieux, car les grands
États ne sont bons que pour les grandes armées, et,
en conséquence, pour les grands despotes.

« Nous devons arriver encore à l'indépendance
des anciennes communes ; seulement, avec la plus

grande autonomie administrative. Dans l'avenir, elles seront unies par le lien politique.

« Il y a encore, il est vrai, parmi les hommes vulgaires, bien des mauvaises préventions entre l'Italie et la France, surtout après l'expédition napoléonienne de Rome et la sanglante exécution de Mentana. Mais, heureusement, les bonapartistes ne sont pas et n'ont jamais été la France, tant s'en faut, et la France démocratique, qui a applaudi de toutes ses mains à la guerre pour l'indépendance italienne, n'a pas manqué de protester contre la première expédition de Rome, et par milliers ses meilleurs enfants sont descendus dans les rues, Ledru-Rollin en tête, pour s'y opposer, bravant les canons de Changarnier, et payant avec vingt ans d'exil leur amour pour l'Italie. Puis, la démocratie italienne, à son tour, a su prendre la plus noble revanche de la catastrophe de Mentana, puisque le glorieux Garibaldi, qui en a été la plus grande victime, est accouru au secours de la France, dans les plus mauvais jours de sa guerre contre les soldats de Bismarck. »

V.

Edgard Quinet, Mauro Macchi, Garibaldi et Victor Hugo sont morts ; mais l'idée de l'Alliance Latine, une fois née, ne peut périr tant qu'elle trouvera de l'aliment chez les peuples. Or, cet aliment ne saurait lui manquer, puisqu'à la mort récente de Victor Hugo, comme à la mort de Garibaldi, tous les Latins ont pleuré et se sont à nouveau reconnus et déclarés frères. [1]

Au reste, tant qu'il existera des oppresseurs et des opprimés, des Triestins, des Trentins, des Alsaciens et des Lorrains violentés, le principe de nationalité ne pourra être remplacé par le principe de cosmopolitisme que les latinophiles sont bien éloignés de combattre, puisqu'au contraire ils veulent arriver à la solidarité universelle par la solidarité des Latins, cherchant le moins, à présent, pour arriver au plus, tôt ou tard.

Et qu'on ne les croie point trop clairsemés. Actuellement, voici leurs chefs de file :

En France, Jules Grévy, Brisson, Freycinet, Duclerc, Floquet, Clémenceau, Meurice, Vacquerie, Decrais, de Tourtoulon, Sadi Carnot, Lockroy, Delattre, Benoît Malon, Frédéric Mistral, Clovis Hugues, Joseph Pollio, L. Xavier de Ricard, Jean Lombard ;

En Portugal, Reis Damaso, H. Salgado, Carrilho Videira, A. de Magalhâes, Ed. Coelho, Joâo Chrisostomo Melicio, Teixeira Bastos, Théophilo Braga ;

---

[1] Voir mon article du 2 juin 1885 dans le numéro extraordinaire de l'*Opinione Nazionale* de Florence, consacré tout entier À LA MÉMOIRE DE VICTOR HUGO ET DE GARIBALDI.

En Espagne, Salmeron, Emilio Castelar, Pi y Margall, José Maria Vallés y Ribot, José Paul y Angulo, Antonio de la Calle, Général Gutierrez y Pavia, J. Fantoni y Solis, Manuel Ruiz Zorilla ;

Dans l'Amérique du sud, Torres Caïcedo, Quesada, Diaz, Urrabieta :

En Italie, Depretis, Alfieri di Sostegno, Peruzzi, Cernuschi, Cairoli, Carducci, Cavallotti, Aurelio Safll, Canzio, Bertani, Pianciani, Filippo Lupis, Baccarini, Adriano Lemmi, R. Raqueni, Maineri, Siro Corti, Diego Martelli :

En Grèce, Moschovachis, Zafiropulo, Delyannis, G. Mignaty, Ant. Frabasilis, Kephallinidi, Spirion de Biasis, Zarifi :

En Roumanie, Jonnesco, Datculescu, Cazzavillan, Pietro Gradistiano, Mitilineu, Obédénare, etc., etc.

Quant à leurs organes spéciaux, ils ne sont pas moins nombreux et il m'est impossible de les citer tous. Voici ceux qui m'ont le plus souvent ouvert leurs colonnes : *Lega Latina, Confederazione Latina, Italian Times, Fédération des Peuples Gréco-Latins, Revue du Monde Latin, Échos de l'Union Latino-Américaine, États-Unis d'Europe, Revue Moderne, Idée Nouvelle, Anti-Prussien, Étendard Latin, Binele Publicu, Gazeta Satenului, Fratia Rumana Italiana, Paliggenesia, Anatoliki Epitheorissis, Telegraful Roman, Voz de Cataluna, Porvenir, El Federalista, Razza Latina, El Pacto, A Crenca Liberal, O Povo, A Discussio, A Justiça do Povo, Democracia, Atlas*, etc., etc.

Malheureusement, le propre des grandes idées, c'est d'être vivement combattues par les bas intérêts de la politique courante.

L'idée si conforme aux idées historiques, et aux grands intérêts progressifs de l'humanité, l'idée se dégageant de l'union projetée des États latins ne pouvait donc échapper à cette fatalité du cours des choses.

Le panlatinisme fut promptement un épouvantail pour certains gouvernements et certains peuples. Les monarques latins lui prêtèrent des qualités belliqueuses dominatrices. A Madrid et à Rome, par directe conséquence, on essaya de s'allier avec les empereurs d'Allemagne et d'Autriche contre l'idée latine, dont on redoutait le développement. Puis, en France, des ministres mal inspirés par leurs passions, aidèrent à maintenir l'équivoque.

Les événements se sont chargés d'édifier et les peuples et les gouvernements. [1]

On sait, maintenant, à la *Consulta* de Rome comme à la *Presidencia* de Madrid, si les intérêts véritables de l'Italie et de l'Espagne ont leurs défenseurs à Vienne et à Berlin. On sait, maintenant, chez les Italiens comme chez les Espagnols, si l'union de la

---

[1] Voir ma brochure *La Vraie Revanche*, Imprimerie du Vocabolario, Florence, 25 août 1884, — mes Lettres au *Home Review* de Nottingham, 1884-1885, — et mes Lettres à la *Gazzetta d'Italia* de Rome, janvier-septembre 1885.

France même républicaine est possible et profitable pour l'Espagne et l'Italie même monarchiques. On sait, maintenant, d'un bout à l'autre du rivage méditerranéen septentrional, s'il vaut mieux être les satellites de Bismarck qui divise les Latins afin de régner plus aisément sur eux, ou s'il vaut mieux s'unir en famille par un pacte fédératif simplifiant tout et donnant aux Latins la force d'agir par eux-mêmes, chez eux, sans s'inquiéter du: *Qu'en dira-t-on chez les Allemands.*

Les nobles nations qui ont fait déjà deux civilisations et qui ont commencé la troisième, — qui ont découvert un nouveau monde et plusieurs fois soumis tout le monde ancien, — les nations latines qui, dans la philosophie, dans les sciences, dans les arts et dans la guerre comme dans la paix, ont été toujours incomparablement favorisées, — ces nations savent, maintenant, si elles ont des traditions et des destinées communes, dérivant de leur développement parallèle et de leur commun héritage de gloire.

Amérique du sud et Amérique centrale, Belgique, Portugal, Espagne, France, Italie, Grèce et Roumanie, dans tous ces pays latins, nations, gouvernements, peuples, simples particuliers savent, maintenant, la nécessité d'obtenir leur indépendance commune par l'observation du principe de race identique, par la création de leur grande et unique famille. S'ils le savent et ne le font pas, ou plutôt ne l'ont pas encore fait, c'est que des passions personnelles ont réussi jusqu'à ce jour à faire oublier l'intérêt général.

Mais ne désespérons pas de l'avenir. Quoi qu'il en paraisse, d'ailleurs, le présent n'est déjà point si désespérant.

C'est, en effet, pour le principe de l'homogénéité de la race latine qu'après 1848, les réfugiés de l'Italie et de l'Espagne ont trouvé une nouvelle patrie en France, et qu'après 1851, les réfugiés de France ont trouvé une nouvelle patrie en Belgique, en Espagne et en Italie.

C'est pour ce principe encore qu'après 1854, la France et l'Italie ont versé leur sang en Crimée devant les murs de Sébastopol, et que de 1857 à 1866, la France a aidé l'Italie à opérer sa phénoménale unification.

C'est pour ce principe qu'en 1870 Garibaldi conduisit les Italiens au secours des Français. [1] C'est pour ce principe que, jusqu'à son heure dernière, Victor Hugo a parlé de son amour pour les Espagnols et les Italiens, ses frères....

Sursum corda, Latini! Patience et courage !

Tout est possible au siècle où nous sommes, même un triomphe du principe des nationalités, cette religion des races que le rayonnement *pacifique* des nations civilisées modernes établira certainement, tôt ou tard.

----

[1] Voir ma brochure *Garibaldi et sa campagne de France*, extrait du *Biographe*, Bordeaux, 1879.

La Belgique, la France, le Portugal civilisent actuellement et *pacifiquement* le Congo. L'Espagne et la France civilisent *pacifiquement* le Maroc. La France et l'Italie doivent civiliser ensemble et *pacifiquement* la Tripolitaine et la Cyrénaïque....

Qui sait, au bout du compte, malgré toutes les apparences si contraires, qui sait si les roueries tramées par Bismarck n'aboutiront pas à débarrasser les Latins de la prépondérance des Anglo-Saxons? Le fin mot n'a pas encore été dit sur l'imbroglio germano-anglo-turco-russe, et rira bien qui rira le dernier.

Tandis que Londres, Berlin, Vienne, Saint-Pétersbourg se disputent Constantinople, — qui sait si l'Italie et la France ne réussiront pas bientôt à *pacifier* ensemble et à administrer *pacifiquement* l'Égypte, pour le compte des Égyptiens et au profit de la civilisation, malgré les Anglais?

Et qui sait si, après avoir régénéré l'Égypte, la France et l'Italie ne réussiront pas, tôt ou tard, à civiliser et à coloniser *pacifiquement* ensemble les pays africains de la Mer Rouge et du golfe d'Aden, de Suez au cap Guardafui?... Les voyez-vous alors s'entendre avec l'Abyssinie et donner la main à leurs frères latins les colons du Congo, à travers les plantureuses terres des Grands-Lacs, malgré les Allemands?...

...... Tout peut devenir possible aux peuples latins si un Zollverein Méditerranéen leur apporte l'union qui fait la force. Et, s'ils se hâtent de se procurer cette force par cette union, ils contre-balanceront opportunément l'entrée prochaine des peuples austro-hongrois dans le ZOLLVEREIN GERMANIQUE..... [1]

Que l'on ne vienne pas dire, surtout, que le Traité de Francfort est un insurmontable obstacle à cette *Union Douanière Latine*. Si le Traité de Francfort n'a pas empêché l'*Union Douanière Allemande* et n'empêche point Bismarck d'offrir aux Austro-Hongrois d'entrer dans cette *Union*, le Traité de Francfort ne peut empêcher et n'empêchera point la formation d'un ZOLLVEREIN MÉDITERRANÉEN. C'est logique et indiscutable.

Au reste, si les sollicitations des latinophiles avaient eu plus d'effet, il y a longtemps déjà que le Traité de Francfort ne servirait plus d'épouvantail.

---

[1] On lit dans la correspondance de Rome du journal parisien *L'Anti-Prussien*, n° 243, sous la date du 13 juillet 1885 :

« ...... Le *Zollverein Germanique* se prépare à engloutir l'Autriche-Hongrie, la Serbie et la Roumanie, et prétend engloutir tôt ou tard l'Italie et la Suisse.

« Est-ce pour préparer l'établissement d'un *Zollverein Méditerranéen* que M. Léon Say a passé la journée de jeudi dernier avec le prince de Bismarck ? Ou bien M. Léon Say a-t-il simplement voulu se procurer l'alliance du grand chancelier pour le succès de sa prochaine candidature à la présidence de la République française ? »

Si, dès 1871, après ses désastres, la France avait su s'allier avec ses nations sœurs, les Français auraient eu bien autre belle chose à faire chez eux, sur leur territoire héréditaire, plutôt que d'aller éparpiller leurs meilleures forces vives chez les autres, au bout du monde. Les Portugais et les Espagnols se seraient fondus en une *Fédération Ibérique* stable, puissante et respectée. Les Italiens auraient défriché leurs 600,000 hectares de terres incultes, chassé la pellagre, creusé le Pô, rectifié le Tibre, civilisé la Calabre, colonisé la Sardaigne, italianisé toute l'Italie. Les Grecs se seraient agrandis de l'Épire et de la Thessalie. Enfin, les Belges et aussi les Roumains, hélas ! ne seraient pas à la veille de perdre leur indépendance.....[1]

...... Songes creux, châteaux en Espagne, utopies, criera-t-on ? — *Eppur si muove....* répondait Galilée.

— Patience et courage. Les chemins de fer, eux

---

[1] Ce serait ici le moment de dire, en outre, aux Anglais que s'ils avaient daigné suivre les conseils que j'eus l'occasion de leur donner, le 24 septembre 1882, dans le *Bulletin politique* du n° 8 de mon journal LA FÉDÉRATION DES PEUPLES GRÉCO-LATINS, ils ne seraient pas, aujourd'hui, hors de Khartoum, hors de Kassala, hors de Dongola, — ils n'auraient pas à abandonner l'Afghanistan aux Russes (comme ils l'abandonneront), — enfin, ils n'en seraient pas réduits, à Zanzibar, comme au Caire et comme à Constantinople, à n'agir qu'au profit et avec la permission de Messieurs les Allemands, leurs maîtres.

aussi, ont été des utopies jadis, et bien des préjugés ont disparu, bien des préventions se sont effacées depuis qu'en 1866, pour la première fois, j'ai fait acte de latinophile sur les champs de bataille du Trentin.

Florence, 29 août 1885.

M.-A. GROMIER.

Original en couleur

NF Z 43-120-8

BIBLIOTHÈQUE NATIONALE

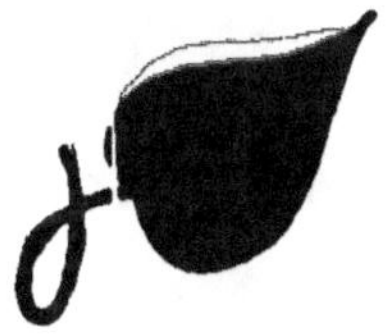

CHÂTEAU
de

SABLÉ

1984